Karsten Große

Die Rolle des Wirtschaftsbürgertums während der Revolution von 1848 - Motive für dessen Haltungen gegenüber der Revolution

GRIN Verlag

Bibliografische Information der Deutschen Nationalbibliothek:

Die Deutsche Bibliothek verzeichnet diese Publikation in der Deutschen National-
bibliografie; detaillierte bibliografische Daten sind im Internet über http://dnb.d-
nb.de/ abrufbar.

Impressum:

Copyright © 2011 GRIN Verlag, Open Publishing GmbH
Druck und Bindung: Books on Demand GmbH, Norderstedt Germany
ISBN: 978-3-640-91772-3

Dieses Buch bei GRIN:

http://www.grin.com/de/e-book/172029/die-rolle-des-wirtschaftsbuergertums-
waehrend-der-revolution-von-1848

GRIN - Your knowledge has value

Der GRIN Verlag publiziert seit 1998 wissenschaftliche Arbeiten von Studenten, Hochschullehrern und anderen Akademikern als eBook und gedrucktes Buch. Die Verlagswebsite www.grin.com ist die ideale Plattform zur Veröffentlichung von Hausarbeiten, Abschlussarbeiten, wissenschaftlichen Aufsätzen, Dissertationen und Fachbüchern.

Besuchen Sie uns im Internet:

http://www.grin.com/

http://www.facebook.com/grincom

http://www.twitter.com/grin_com

Inhaltsverzeichnis

Vorwort

Ausdrücklich bedanken möchte ich mich bei der Alfried Krupp von Bohlen und Halbach-Stiftung, welche mich nach meiner Anfrage in überdurchschnittlichem Maße mit Informationen zur Entwicklung des Unternehmens Krupp sowie der Eigentümerfamilie unterstützt hat.

1 Einleitung

Ziel dieser Facharbeit ist es, die Interessen des Wirtschaftsbürgertums und die Gründe für dessen Handeln in der Revolution von 1848/49 zu untersuchen. Ausschlaggebend für diese Themenwahl ist nicht nur ein allgemeines Interesse an Ökonomie und Geschichte, sondern vor allem das Interesse an der Frage, ob ein so großes Bedürfnis nach Veränderungen in Staat und Gesellschaft allein von patriotischer Begeisterung getragen werden konnte. Es geht hierbei in keinem Fall darum, dem Wirtschaftsbürgertum jener Zeit Heimatliebe und ein nationales Gemeinschaftsgefühl abzusprechen, jedoch den Blick darauf zu lenken, dass handfeste wirtschaftliche Interessen von größerer Bedeutung für das Wirtschaftsbürgertum waren. Warum die Revolution trotz aller wirtschaftlicher Vorteile und der anfänglichen Unterstützung schlussendlich doch von dieser Bevölkerungsgruppe gehemmt wurde, ist die zweite Frage, die ich durch das Verfassen dieser Facharbeit beantworten möchte.

Nach einer Einführung in die Situation des Stadt-, Bildungs- und Wirtschaftsbürgertums folgt eine Darlegung der Interessenlage und der daraus folgenden Handlungen des Wirtschaftsbürgertums, konkretisiert am Beispiel des Unternehmens Krupp. Der Ablauf der Revolution 1848/49 wird als bekannt vorausgesetzt; auf eine Darlegung wird daher verzichtet - zumal Einzelereignisse im Zusammenhang mit der Fragestellung dieser Arbeit von nachrangiger Bedeutung sind.

Wichtige Begriffe werden im Kontext erläutert. Verwendete Literatur ist im Anhang zusammengestellt; genutzt wurden nicht nur anerkannte Standardwerke der universitären Forschung (z.B. Werke von Gunilla Budde und Frank Lorenz Müller), sondern auch Publikationen von Journalisten mit dem Arbeitsschwerpunkt Geschichte (bspw. Frank Stenglein); Reden und andere Primärquellen sind hauptsächlich dem Schulbuch Geschichte entnommen worden.

2 Das Bürgertum

2.1 Das Stadtbürgertum

10 bis 30 Prozent der Gesamtbevölkerung deutscher Städte von ca. 1300 – 1790 ließen sich dem Stadtbürgertum zuordnen[1]. Diese Schicht speiste sich aus den Mitgliedern der Familien wohlhabender Kaufleute (Patrizierfamilien); ihr gehörten aber auch Ärzte, Juristen und evangelische Geistliche an; all jene genossen das volle Bürgerrecht. Auf Privilegien pochend und eine streng abgestufte Gesellschaftsordnung befürwortend, sah sich das Stadtbürgertum selbst als Bewahrer traditioneller Werte und Strukturen, was in einer fast eigenständigen Kultur samt Normen und Wertvorstellungen zum Ausdruck kam. Die auf „Betrachten des Neuen und Bewahren des Alten"[2] ausgerichtete Bildung verband das Stadtbürgertum, welches sich selbst als geschlossene Gesellschaft verstand. Neuen Ideen und aufsteigenden Personen standen die Mitglieder dieser Gesellschaftsschicht skeptisch gegenüber. Die städtische und regionale Wirtschaft wurde vom Stadtbürgertum geführt und kontrolliert, was ihm für die Zeit von ca. 1300 bis 1700 einen bedeutenden wirtschaftlichen Einfluss verlieh. Ebenfalls wurden die Stadträte größtenteils von Mitgliedern des Stadtbürgertums gestellt. Hierdurch erwuchs dem Stadtbürgertum im regionalen Bereich ein erheblicher politischer Einfluss, der jedoch nicht mit der Macht der Fürsten und Adeligen vergleichbar war. Wegen der auf den regionalen Bereich beschränkten Interessen, war überregionale = nationale Politik für das Stadtbürgertum nicht von Bedeutung; eine weiterreichende Teilhabe an der Macht wurde deshalb nicht gefordert.

Im Laufe des 18. Jahrhunderts wurde das konservative und rückwärtsgewandte Stadtbürgertum rasch vom Bildungs- und Wirtschaftsbürgertum verdrängt.

In der Mitte des 18. und zu Beginn des 19. Jahrhunderts bewirkten die aufkommenden ständischen Veränderungen einen schnellen und erfolgreichen Aufstieg dieser beiden hauptsächlich protestantisch gläubigen Segmente des Bürgertums. Dieses „neue" Bürgertum zeichnete besonders seine nun erarbeitete und nicht ererbte Stellung aus. Es rekrutierte sich größtenteils aus dem alten Stadtbürgertum, setzte jedoch neu erworbene Rechte über die geerbten Privilegien des traditionellen Stadtbürgertums. Ihre kritische Haltung gegenüber ererbten und nicht selbstverdienten oder –erarbeiteten Privilegien löste auch im damaligen Adel Proteste aus. Die beiden neuen Segmente des Bürgertums setzten Ehrgeiz als höchste Tugend. Sie waren die Profiteure des durch die Industrialisierung ausgelösten wirtschaftlichen Aufschwungs und trieben bewusst die Ausdehnung des kapitalistischen Wirtschaftssystems voran.

---

[1] Vgl. Wehler, Hans-Ulrich: Deutsche Gesellschaftsgeschichte 1815-1848/49. 4. Aufl. München 2005 (künftig. HUW Gesellschaftsgeschichte), Seite 176

[2] ebenda, Seite 175

Das neue Bürgertum definierte sich durch eine bewusste Abgrenzung nicht nur von den Bauern und der in ihren Augen aus Handwerkern und Arbeitern bestehenden „Unterschicht", sondern auch von dem Adel und dem katholischen Klerus[3].

2.2 Das Bildungsbürgertum

Das Bildungsbürgertum bestand aus der gesellschaftlichen Elite mit Universitätsabschluss, zu welchen sich Beamte, Professoren, Notare, Juristen, Anwälte, Lehrer, Ärzte, Künstler und Staats- und Fürstendiener zählen durften.[4] Allesamt waren sie für die damalige Zeit akademisch exzellent ausgebildet und sahen Bildung und Ehrgeiz als die höchsten aller Tugenden an. Durch gesellschaftliche und staatliche Reformen ausgelöst, vergrößerte sich diese zunächst sehr kleine Elite zum Ende des 18. Jahrhunderts hin zu einem starken Verband[5]. Die Berufswahl für Bürger dieser Schicht fiel oft auf eine Karrierelaufbahn in der staatsöffentlichen Verwaltung, im Medizinwesen oder auf eine Lehrtätigkeit an den Universitäten. Alternativ kamen auch Beschäftigungen im landständischen oder grundherrlichen Dienst vor. Ein Teil des Bildungsbürgertums situierte sich über regionalen Handel, der größere Teil jedoch bestritt sein Einkommen aus Beamtengehältern; diesem Teil wurden außerdem umfassende Privilegien im Gerichtswesen, beim Militärdienst oder im Steuerrecht gewährt[6]. Durch die Lehrtätigkeit an Universitäten hatten die Mitglieder des Bildungsbürgertums eine erhebliche Kontrolle über die Zugänge zu diesen Bildungseinrichtungen, was in einer Rekrutierung des Nachwuchses aus den eigenen Reihen mündete. Bildungsbürger verlangten aufgrund ihrer hohen Bildung ein höheres Prestige als das Wirtschafts- oder gar das Stadtbürgertum und beanspruchten ebenfalls wichtige Aufgaben der Modernisierung oder Verwaltung für sich. Die Definition seiner selbst über Bildung brachte diese auch in die Position einer Ersatzreligion für das größtenteils evangelisch konfessionelle Bildungsbürgertum. Als Beamte des staatlichen Verwaltungsapparates besaß das Bildungsbürgertum einen Einfluss auf die Staatsführung. Die ebenfalls als Berater von Fürsten dienenden Bürger sahen sich aufgrund ihrer Bildung in der Rolle der aufgeklärten Reformer. Ihre reformerischen Forderungen galten vor allem einem Verfassungs- und Rechtsstaat mit einem großen Bürokratieapparat, ihr Widerstand dem geburtrechtlichen Ständesystem der damaligen Zeit. Die Kontrolle des Herrschenden sollte durch parlamentarische Instanzen und Bürokratie stattfinden[7]. Sie forderten politische Partizipation, jedoch nur für ihre eigene Gruppe, die sich als Elite verstand; politische Mitbestimmung des Kleinbürgertums und anderer Gruppen wurde nicht nur nicht

---

[3] Vgl. Budde, Gunilla: Blütezeit des Bürgertums. Bürgerlichkeit im 19. Jahrhundert. 1. Aufl. Darmstadt 2009 (Künftig: GB Blütezeit), Seite 8

[4] Vgl. ebenda, Seite 8

[5] Vgl. ebenda, Seite 8

[6] Vgl. ebenda, Seite 9

[7] Vgl. ebenda, Seite 11

geforded, sondern vielmehr flächendeckend abgelehnt. Das Hauptinteresse des Bildungsbürgertums galt aber der Abschaffung der Geburtsprivilegien des Adels.

Im Laufe des 19. Jahrhunderts nahm zwar die Zahl der Bildungsbürger zu, der gesellschaftliche und politische Einfluss ging jedoch drastisch zurück. Die selbst auf den Weg gebrachten Reformen, wie z.b. die Schulreform 1807, erleichterten Menschen aus allen Gesellschaftsschichten den Zugang zu Bildung[8]. Der Aufstieg ins Bildungsbürgertum war nun für jedermann möglich. Ebenfalls spielte die zu Mitte des 19. Jahrhunderts in Deutschland beginnende Industrialisierung einer anderen Gruppe den Ball der Macht zu: dem Wirtschaftsbürgertum.

2.3 Das Wirtschaftsbürgertum

Die Ursprünge des Wirtschaftsbürgertums lassen sich in den Teilen des Stadtbürgertums verorten, die wirtschaftliche Aktivitäten in die überregionalen Märkte transferiert hatten. Große Expansionsbedürfnisse - hervorgerufen durch ständigen und drückenden Wettbewerb - trieben das Stadtbürgertum von der regionalen oder städtischen Beschränkung in die nationale und internationale Dimension, wobei diese Entwicklung durch die einsetzende Industrialisierung noch beschleunigt wurde.

Das Wirtschaftsbürgertum definierte sich stärker über das eigene Kapitalvermögen als über den erreichten Grad an Bildung. Ihm zuzurechnen waren Direktoren, Besitzer oder Geschäftsführer der großen Unternehmen, Fabrikbesitzer, Fernhändler, Finanziers oder Großbankiers[9]. Durch den Besuch des Gymnasiums besaßen auch die Mitglieder dieser Schicht ein gewisses Maß an Bildung, jedoch galt der Besuch einer Universität im Gegensatz zum Bildungsbürgertum als weniger wichtig. Man zog die wirtschaftliche Lehre in einem großen Unternehmen dem Universitätsstudium vor; letzteres diente allenfalls dazu, die wirtschaftlichen Möglichkeiten zu verbessern.[10]

Das Hauptziel der politischen Bestrebungen des Wirtschaftsbürgertums war die wirtschaftliche Einheit des deutschen Gebietes, wovon man sich große Vorteile beim Handel mit Gütern versprach. Ebenfalls setzte das Wirtschaftsbürgertum in einem potenziell neuen System auf möglichst wenig Einmischung in die Wirtschaft von Seiten des Staates. Deshalb sah man den stark bürokratisierten Wunschstaat des Bildungsbürgertums als große Gefahr an. Ebenfalls entgegengesetzt zum Bildungsbürgertum war die Tragweite des politischen Interesses. Ging beim Bildungsbürgertum das politische Interesse nur sehr selten über die Region hinaus, so zielten die Interessen des Wirtschaftsbürgertums - wegen der großen Dimensionen der Geschäfte - deutlich mehr auf nationale oder internationale Räume ab. Politische Partizipation

---

[8] Vgl. GB Blütezeit, Seite 10

[9] Vgl. ebenda, Seite 10

[10] Vgl. HUW Gesellschaftsgeschichte, Seite 188

sah das Wirtschaftsbürgertum nahezu ausschließlich als Möglichkeit wirtschaftliche Interessen durchzusetzen; der notwendige Einfluss musste allerdings noch gewonnen werden. Einzig in wirtschaftlichen Ballungsräumen konnten Wirtschaftsbürger in ihrer Funktion als Geldgeber für Fürsten oder Grundherren Einfluss auf Politik nehmen, zunächst allerdings nur im regionalen Maßstab. Um dies zu ändern, kann es unter dem Wirtschaftsbürgertum schon früh zur Bildung von Interessenverbänden, die geschlossen politisch zu agieren versuchten[11].

Durch die im Laufe des 19. Jahrhunderts einsetzende Industrialisierung änderte sich das Umfeld jedoch rasant. Die Großindustrie gewann an Einfluss, da sie die Fürsten zunehmend in Abhängigkeit vom Wirtschaftsbürgertum brachte; in der Folge forderte man mehr politische Mitsprache und verdrängte das Bildungsbürgertum als einflussreiche Instanz; es verlagerten sich also Macht und Bedeutung.

3   Die Rolle des Wirtschaftsbürgertums in der Revolution von 1848/49

3.1   Das Wirtschaftsbürgertum in der Frankfurter Nationalversammlung

Das Wirtschaftsbürgertum war in der Frankfurter Nationalversammlung nur schwach vertreten. Nur etwa 60 der vom Volk gewählten 813 Abgeordneten lassen sich dieser Bevölkerungsgruppe zuordnen, darunter 35 Großkaufleute, 14 Fabrikanten und 7 Verleger[12]. Geschlossen bilden diese den Flügel der gemäßigt Liberalen oder Rechtsliberalen, auf die ca. 40 % der Abgeordneten entfielen[13], überwiegend Vertreter des Bildungsbürgertums. Vor allem ging es dem Wirtschaftsbürgertum darum, in der Nationalversammlung Reformen zu erwirken, die die Sicherung des Eigentums garantierten[14]. Das Eigentum bedeutete für diese Gesellschaftsgruppe die Basis für wirtschaftliche Macht und ökonomischen Erfolg. Der Forderung radikal-sozialistischer linker Gruppen nach einem gerechten Sozialstaat auf Kosten des kapitalstarken Bürgertums sollte hierbei mit allen Mitteln begegnet werden.[15]

Ebenfalls war es von Interesse, die Gründung eines Deutschen Einheitsstaates zu erwirken, um größere wirtschaftliche Vorteile erzielen zu können. Die Entstehung eines „legitimistischen" (d.h. die Rechte der legitimen Fürsten betonenden) Staatenbundes, wie er von konservativen Strömungen innerhalb der Nationalversammlung gewünscht wurde, galt es zu verhindern[16]. Im von Wirtschaftsbürgertum geforderten Einheitsstaat sollte ein Erbkaisertum

---

[11] Vgl. Müller, Frank Lorenz: Die Revolution von 1848/49. 1. Aufl. Darmstadt 2002 (Künftig: FLM Revolution), Seite 28

[12] Vgl. ebenda, Seite 87

[13] Vgl. Hrsg. Rohlfes, Joachim: Historisch-Politische Weltkunde. Staat und Nation im 19. Jahrhundert; 1. Aufl. Leipzig 2007 (Künftig: Schulbuch Geschichte), Seiten 64 und 80

[14] Vgl. ebenda, Seite 80

[15] Vgl. FLM Revolution, Seite 89

[16] Vgl. FLM Revolution, Seite 89

für Konstanz und damit für die erhoffte wirtschaftliche Stabilität sorgen[17]. Eine Republik lehnte das Wirtschaftsbürgertum kategorisch ab. „Doch der Wunsch nach einer Republik ging ihnen zu weit. In ihren Augen war dies gleichbedeutend mit Masse, Terror und letztlich dem Ende aller bürgerlichen Werte. Bilder der blutigen Nachwehen der französischen Revolution waren in den Köpfen der Liberalen noch sehr lebendig. Ein starker Monarch, so ihre Hoffnung, sollte vor einer solchen Massendemokratie schützen."[18]

Nebenbei fürchtete man auch Unruhen, deren Folge wirtschaftliche Verluste sein konnten und eine Gefährdung des Eigentums, sollte eine „Herrschaft des Pöbels" in Form einer Massendemokratie entstehen. Lehnten sie auch die Gründung einer deutschen Republik entschieden ab, so war das Wirtschaftsbürgertum anderen Formen von Partizipation in der Politik stark zugetan. Für demokratische Instanzen wie z.b. die Nationalversammlung forderte sie jedoch nicht ein allgemeines und gleiches Männerwahlrecht, sondern beharrte auf die Einführung eines nach Besitz gestuften Zensuswahlrechtes[19]. Hierdurch erhoffte sich das vermögende Wirtschaftsbürgertum einen größeren Einfluss auf die zu wählenden Organe. Ebenso wollte man verhindern, dass die Mehrheit der Vertreter in parlamentarischen Instanzen aus Abgeordneten der unteren Gesellschaftsschichten bestand, deren soziale Politik dem Wirtschaftsbürgertums zum Nachteil gereicht hätte.

Um die Forderungen des Wirtschaftsbürgertums umzusetzen, genügten Reformen, ein Umbruch in Staat und Gesellschaft, wie von radikalen Demokraten gefordert, war nicht vonnöten.

3.2   Interessen an der Revolution von 1848

3.2.1   Wirtschaftliche Interessen

Zweifelsohne ist die anfängliche Unterstützung der Revolution durch das Wirtschaftsbürgertum nicht nur auf patriotische Begeisterung für die „nationale Sache", sondern in erster Linie auf handfeste wirtschaftliche Interessen zurückzuführen. Man erhoffte, im neuen Staat einflussreiche Positionen für sich gewinnen zu können und durch eine freie Entfaltung der Wirtschaft den eigenen Besitz zu vergrößern. Vor allem durch eine Beschneidung der Privilegien des Adels erhoffte sich das Wirtschaftsbürgertum eine deutlich bessere wirtschaftliche und gesellschaftliche Situation. Nach „Abschaffung der Privilegien, Bevormundung und Willkür eines absolutistischen Herrschers"[20] setzte man auf eine freie Wirtschaft, deren Markt sich nicht durch staatliche Regulation, sondern nach dem kapitalistischen Gewinn-

---

[17] Vgl. Schulbuch Geschichte, Seite 80; FLM Revolution, Seite 92

[18] GB Blütezeit, Seite 81

[19] Vgl. Schulbuch Geschichte, Seite 80

[20] Saller, Walter: Für Freiheit und Demokratie. In: GeoEpoche; Ausgabe: Preußen 1701- 1871; 2006, Nr. 23 (Künftig: WS Demokratie), Seite 122

prinzip entwickelt und reguliert. Dementsprechend war es die erste Forderung dieser Bevölkerungsgruppe, die Wirtschaft von staatlicher Kontrolle zu befreien[21]. Von den Wirtschaftstheorien des Adam Smith inspiriert, forderte das Wirtschaftsbürgertum vom Staat lediglich die Garantie der passenden Rahmenbedingungen. Dies sollte eine freie Entfaltung der Wirtschaft garantieren. Aus der heutigen Blickweise lassen sich hier Forderungen nach der Struktur einer freien Marktwirtschaft erkennen.

Zu der Forderung nach der Schaffung von passenden Rahmenbedingungen gesellte sich auch das Bedürfnis nach einer Vereinheitlichung der verschiedenen Währungen im Deutschen Bund. Hatte der Deutschen Zollverein 1834 schon die Binnenzölle zwischen den 18 größten Staaten des Deutschen Bundes abgeschafft und somit eines der größten Handelshemmnisse aus dem Wege geräumt[22], so hinderten doch zahlreiche verschiedene Geldwährungen in den Einzelstaaten - durch unterschiedliche Umrechnungen - den grenzübergreifenden Handel im Deutschen Bund. Als Beispiel hierfür lässt sich das Pfund anführen, welches in Preußen 30, in norddeutschen Staaten 10 und im Süden des Deutschen Bundes 32 Loth wert war[23]. Ein ständig schwankender Wert verschiedener Währungen war für das Wirtschaftsbürgertum ein weiterer Grund für die Forderung nach Vereinheitlichung der Währungen im Deutschen Bund. Aber der Drang nach Vereinheitlichung beschränkte sich nicht nur auf die Geldwährung, auch die Maßeinheiten sollten einander angepasst werden. Getreidehändler rechneten je nach regionaler Verwurzelung entweder in Bechern, Sestern, Zubern oder Maltern[24]. Die Belastung des überregionalen Handels durch die Vielfalt und unterschiedliche Wertigkeit so vieler verschiedener Maße und Währungen muss enorm gewesen sein. Folglich erhoffte sich das Wirtschaftsbürgertum eine Lösung dieser Probleme im Zuge der revolutionären Umwälzungen, z.B. durch die Schaffung einer Einheitswährung und schließlich eines Deutschen Binnenmarktes[25]. Dieser Binnenmarkt sollte Gewinne aus den überregionalen Handelsgeschäften erhöhen und auf diese Weise die Existenzgrundlage des Wirtschaftsbürgertums stärken[26]. Um die Stabilität der geforderten Einheitswährung zu garantieren, galt das Interesse des Wirtschaftsbürgertums auch der Einführung und Gründung einer Deutschen Zentralbank[27]. Diese sollte neben der Stabilisierung der neuen Währung auch für Investitionen in die Wirtschaft zuständig sein und diese fördern, so z.B. als Geldgeber, auch für die Finanzie-

---

[21] Vgl. GB Blütezeit, Seite 132

[22] Vgl. Bischoff; Jürgen: Vorwärts durch Raum und Zeit. In: GeoEpoche; Ausgabe: Die Industrielle Revolution. Wie Dampf, Stahl und Strom die Welt veränderten; 2008, Nr. 30 (Künftig: **JB Raum und Zeit)**, Seite 62

[23] Vgl. WS Demokratie, Seite 122

[24] Vgl. ebenda, Seite 123

[25] Vgl. GB Blütezeit, Seite 49

[26] Vgl. ebenda, Seite 11

[27] Vgl. WS Demokratie, Seite 121

rung nationaler Großprojekte wie dem Bau von Eisenbahnstrecken[28]; nicht jedoch sollte sie als Kontrolleur fungieren; von Investitionsmaßnahmen gedachte man zu profitieren. Ebenso erwartete man die Unterstützung privater Banken.[29] Der Bau und Ausbau von Eisenbahnstrecken war ein wichtiges Ziel des Wirtschaftsbürgertums[30]. Bisher war das Eisenbahnnetz nur regional begrenzt[31] und bot im wirtschaftlichen Bereich nur Vorteile in der regionalen Dimension. Eine Einheit Deutschlands und ein durch die Zentralbank vorfinanziertes deutschlandweites Schienennetz sollte den Handel beschleunigen, den Zugang zu Rohstoffen (z.B. Kohle, Erz, Holz) erleichtern und die Kosten für überregionale Transporte senken.

Auch in Bezug auf den Faktor Arbeitskräfte hatte das Wirtschaftsbürgertum konkrete Reformen im Blick. Man wollte durch eine Stärkung der Grundrechte die Freizügigkeit für Arbeiter sichern[32]. Wie man schon in England beobachtet hatte, war dies ein wichtiger Faktor für den Aufschwung im Zuge der industriellen Revolution. Besonders interessant ist es aber zu sehen, dass man auch durch soziale Reformen wirtschaftliche Interessen verfolgte. Das Wirtschaftsbürgertum war sich der kritischen sozialen Situation der unteren Arbeiterklassen durchaus bewusst und man hatte erkannt, dass sich in Zukunft Aufstände wie der Weberaufstand von 1844 häufen könnten. Die Historikerin Gunilla Budde sieht hierbei Reformen als Mittel zur Beruhigung der Bevölkerung: „Überdies war sich das Gros der Unternehmerschaft des Sprengstoffs bewusst, den die soziale Lage der unterbürgerlichen Schichten in sich barg (....). Als Präventionsmaßnahme gegen drohende Eruptionen verlangten die Unternehmer daher nach Reformen."[33] Man förderte soziale Reformen also nur, um die eigene Wirtschaft vor Schaden zu schützen.

Alle wirtschaftlichen Interessen waren nur im Rahmen eines Deutschen Einheitsstaates zu verwirklichen.

3.2.2 Politische Interessen

Nahezu denselben Stellenwert wie die Bildung eines Einheitsstaates hatte der Kampf gegen „feudale Privilegien und ständische Ungleichheit"[34]. Man wollte den Adel als einflussreichsten und mächtigsten Stand im Staate ablösen. Dieser hatte, fußend auf hergebrachten Privilegien und angeborenen Vorrechten, großen Einfluss. In der Einführung der konstitutionellen Regierungsform sah das Wirtschaftsbürgertum die Möglichkeit, diesen Einfluss zurückzu-

---

[28] Vgl. ebenda, Seite 122

[29] Vgl. ebenda, Seite 121

[30] Vgl. JB Raum und Zeit, Seite 62

[31] Vgl. ebenda, Seite 67

[32] Vgl. GB Blütezeit, Seite 48

[33] ebenda, Seite 49

[34] ebenda, Seite 48

drängen und ggf. auf sich umzuleiten[35]. Eine Massendemokratie galt es aber zu verhindern. Ebenfalls forderte das Wirtschaftsbürgertum die Revision der Karlsbader Beschlüsse und die Wiedereinführung von Versammlungs- und Pressefreiheit[36].

3.3 Die Hemmung der Revolution

Schon Friedrich Engels sagte 1848: „Die Kleinbürger und Bauern sind zu schwach, die Arbeiter noch lange nicht reif genug, um in Deutschland als herrschende Klasse auftreten zu Können. Bleibt nur die Bourgeoisie."[37].

Das Großbürgertum hätte den neu geformten Staat tragen müssen. Warum es dies nicht getan hat, wird im Folgenden zu erklären versucht.

3.3.1 Schwer zu steuernde Radikalität der Bewegung

Zum einen muss man beachten, dass das Großbürgertum, und damit auch das Wirtschaftsbürgertum, immer Reformen, aber niemals eine Revolution gewollt hat[38]. Das blutige Bild der Französischen Revolution war ein Schreckensbild für das Wirtschafts- und Bildungsbürgertum in Deutschland. Man fürchtete sich vor einer gewaltsamen Massenbewegung und dem Entstehen einer Pöbelherrschaft, dem „Ende aller bürgerlichen Werte"[39]. „Doch Revolution wollte man die wirklich (....). Wenn man revolutionierte, dann in gesitteter Form."[40] Es ist daher zu beobachten, dass das Großbürgertum gewaltfrei herbeigeführte Änderungen des politischen Systems im Frühjahr 1848 noch tatkräftig unterstützte[41], sich jedoch mit zunehmender Radikalisierung der Demonstrationen und Volksversammlungen immer weiter zurückzog, ohne jedoch die eigenen Interessen aus dem Auge zu verlieren. In den Berliner Barrikadenkämpfen im März 1848 beispielsweise waren so gut wie keine Wirtschaftsbürger zu finden, die für die Revolution eintraten. Unter den Toten dieser blutigen Auseinandersetzung fand man auch nur wenige Mitglieder dieser Bevölkerungsgruppe. Ließen allein 214 Arbeiter ihr Leben, so gaben nur 5 Angehörige der „gebildeten Stände" ihr Leben[42].

3.3.2 Fehlende Identifikation mit der revolutionären Bewegung

Schreckte die Radikalität an sich schon ab, so gilt es ebenfalls zu bedenken, dass für das Wirtschaftsbürgertum die Revolution in erster Line Mittel zum Zweck war, nämlich zur

---

[35] Vgl. GB Blütezeit, Seite 83

[36] Vgl. FLM Revolution, Seite 92

[37] WS Demokratie, Seite 126

[38] Vgl. GB Blütezeit, Seite 49

[39] ebenda, Seite 53/54

[40] ebenda, Seite 49/50

[41] Vgl. Schulbuch Geschichte, Seite 57

[42] Vgl. FLM Revolution, Seite 60; GB Blütezeit, Seite 51

Durchsetzung wirtschaftlicher Interessen. Betrachtet man den Satz dass „Wirtschaften weder demokratisch noch republikanisch ist"[43], begreift man, dass das Großbürgertum soziale Forderungen, hauptsächlich vom Kleinbürgertum und der Arbeiterklasse vertreten, ebenso Arbeitnehmerrechte als zweitrangig und weniger wichtig ansah, es sei denn, man konnte mit deren Bedienung wirtschaftlichen Schaden abwenden. Hierbei ist es auch interessant zu sehen, welche soziale Notwendigkeit für die einzelnen Bevölkerungsgruppen an der Revolution von 1848/49 bestand. Für das Großbürgertum gab es keine sozialen Gründe für den Eintritt in die Revolution, sein „Überleben" war gesichert, ihm ging es lediglich um eine weitere Verbesserung seiner wirtschaftlichen Lage; ein Scheitern der Revolution hätte daher nicht den Untergang bedeutet. Anders jedoch bei Arbeitern und Kleinbürgertum: Eine weitere Verschlechterung der Lage wäre für diese Bevölkerungsgruppe bedrohlich gewesen, weswegen der Einsatz für die Sache der Revolution von dieser Seite aus um ein Vielfaches größer war. Für das Bürgertum ging es um eine Verbesserung seiner wirtschaftlichen Situation, für die Unterschichten ums Überleben. Dass diese beiden Gruppen die Ziele der Revolution mit unterschiedlich großem Eifer und Einsatz verfolgten, versteht sich nun von selbst. Der Dichter Sándor Petofi beschreibt in seinem Tagebuch von 1848 eine interessante Geschichte, die Einsatz und Eifer des Großbürgertums für die Revolution wohl sehr treffend charakterisieren:" Als eine Gruppe von gut tausend Bürgern bei strömendem Regen eine Druckerei besetzte, um dort Flugblätter mit ihren Forderungen zu vervielfältigen, rief der Dichter Maurus Jokai, man möge sich wegen des starken Regens zum Mittagessen nach Hause begeben. Schließlich könnte es leicht passieren, dass man sich in der Menge mit den Regenschirmen gegenseitig die Augen aussteche. Um drei sollten alle zurückkehren, dann würden sie die Revolution fortsetzen. Der Vorschlag fand breite Zustimmung, schnellen Schrittes begaben sich alle an die häusliche Tafel."[44] Das Großbürgertum identifizierte sich nicht vollständig mit der revolutionären Bewegung – war doch diese für es sozial nicht nötig -, was schlussendlich ein wichtiger Faktor war, welcher den Fortgang der Revolution hemmte.

3.3.3 Angst vor der „sozialen Revolution"

Jedoch gab es für das Wirtschaftsbürgertum einen bedeutenderen Grund, der Revolution die Unterstützung zu versagen: Man hatte Angst vor der „sozialen" Revolution, fürchtete ein neues Selbstbewusstsein der Arbeiterklasse, die Rechte forderte, ebenso wie den von Demokraten geplanten Sozialstaat[45], den das Wirtschaftsbürgertum hätte finanzieren müssen. Durch viele Forderungen von radikalen Demokraten sah das Wirtschaftsbürgertum sein Eigentum in Gefahr. Von Vielen wurde auch eine Reform der Steuergesetzte gefordert, sehr

---

[43] Volker Große, Vater des Verfassers

[44] GB Blütezeit, Seite 50

[45] Vgl. FLM Revolution, Seite 115

zum Nachteil des Wirtschaftsbürgertums. Beispielsweise forderte der radikale Demokrat Gustav von Struve in seinem Antrag in dem Frankfurter Vorparlament am 31. März 1848 Folgendes: „Sicherheit des Eigentums und der Person, Wohlstand, Bildung und Freiheit für alle ohne Unterschied der Geburt, des Standes und des Glaubens ist das Ziel, nach welchem das Deutsche Volk strebt. Die Mittel, zu demselben zu gelangen, sind (...) die Abschaffung der stehenden Heere von Abgaben, welche an dem Marke des Volkes zehren (....) und Ersetzung derselben durch eine progressive Einkommens- und Vermögenssteuer."[46] Diese Forderungen missfielen. Außerdem lehnte das Wirtschaftsbürgertum die Idee der von Demokraten geforderten Republik und die damit einhergehende Massendemokratie ab. „In ihren Augen war dies gleichbedeutend mit Masse, Terror und letztlich und entscheidend dem Ende aller bürgerlichen Werte. Wilder der blutigen Nachwehen der Französischen Revolution waren in den Köpfen der Liberalen noch sehr lebendig."[47] Gleichfalls fürchtete das Wirtschaftsbürgertum aus dieser Massendemokratie entstehende soziale Reformen und eine damit einhergehende Stärkung der Arbeitnehmerrechte. Und die Forderung nach solchen Reformen wurde durchaus erhoben. Noch einmal Gustav von Struve: „Beseitigung des Notstandes der arbeitenden Klassen und des Mittelstandes (...) durch Ausgleichung des Missverhältnisses zwischen Arbeit und Kapital mittels eines Arbeiterministeriums, welches dem Wucher steuert, die Arbeit schützt und derselben namentlich einen Anteil an dem Arbeitsgewinne sichert."[48]

Manche demokratischen Gruppen schlugen eine radikal-sozialrevolutionäre Richtung ein. „Erwogen wurden: eine Begrenzung des Arbeitstages, ein Minimallohn, Krankenversicherung, Gemeinschaftskassen und Profitbeteiligung der Arbeiter."[49] Alle diese geplanten Reformen hätten für das Wirtschaftsbürgertum erhebliche Gewinneinbußen und Verluste bedeutet. Folgen, die das Wirtschaftsbürgertum auf keinen Fall zu tragen bereit war.

Und: Je mehr – von den Arbeitern herbeigeführte – demokratische und republikanische Strukturen es bei einer erfolgreichen Revolution in Staat und Gesellschaft gegeben hätte, desto größer wäre dann der Drang der Arbeiter gewesen, in dem Bereich, der den größten Raum in ihrem Leben einnahm – nämlich Arbeit - ebenfalls demokratische Reformen zu erwirken. Ein gewerkschaftsähnlicher Verband von Arbeitern, Mitbestimmung und Rechte bei der Führung des Unternehmens fordernd, war sicherlich einer der schlimmsten Albträume der damaligen Wirtschaftsbürger. Folgt man diesem Gedanken weiter, so erkennt man Parallelen zwischen der Situation des Wirtschaftsbürgertums und der der Fürsten jener Zeit: So wie der Fürst im Staate herrschte, so herrschte der Unternehmer in seinem Unternehmen.

---

[46] Schulbuch Geschichte, Seite 62

[47] GB Blütezeit, Seite 54

[48] Schulbuch Geschichte, Seite 62/63

[49] FLM Revolution, Seite 115

Fürchtete der Fürst die politische Partizipation des Volkes, so schreckte den Unternehmer der Zugriff der Arbeiter auf sein Eigentum.

Drängte sich eine Koalition zwischen Wirtschaftsbürgertum und Fürsten nicht unmittelbar auf, so hatten sie doch denselben Gegner.

4 Die Firma Krupp zur Zeit der Revolution

Zur Zeit der Revolution beschäftigte der am 20.11.1811 gegründete Essener Konzern 109 Arbeiter und erwirtschaftete einen jährlichen Umsatz von ca. 80000 Talern[50]. Das somit mittelgroße Wirtschaftsunternehmen hatte sich auf die Produktion von qualitativ hochwertigem Gussstahl spezialisiert, bot jedoch auch Werkzeugstahl und Industriewalzen an[51].

Aufgrund der Vergangenheit des Unternehmens lässt sich ableiten, dass Alfred Krupp, zu dieser Zeit Geschäftsführer des Unternehmens, sich für die Gründung einer deutschen Zentralbank eingesetzt hat. 1834/35 hatte er sich mehrmals bemüht ein Darlehen von der preußischen Regierung zu erhalten um eine Dampfmaschine für seine Firma kaufen zu können[52]. Seine Bemühungen führten jedoch zu keinem Erfolg und wurden mit der Begründung abgelehnt, das „Subventionen der öffentlichen Hand die Wirtschaft letztlich nicht voran bringen."[53]. Auch seinem Vater waren schon 1812 finanzielle Staatszuschüsse verwehrt worden. Alfred Krupp forderte daher die Einführung einer Zentralbank, da „die Gussstahlproduktion im großen Stil im Interesse des Staates liegen müsste."[54]. Ebenfalls ist es wichtig zu sehen, dass ein großer Teil des damaligen Kundenkreises der Firma Krupp im süddeutschen Raum lag[55]. Eine Vereinheitlichung der Münzwährung im gesamten Deutschland dürfte somit im Interesse des Alfred-Krupp-Konzerns gelegen haben. Wollte man nämlich Gussstahl von der Essener Fabrik - Königreich Preußen - ins Königreich Bayern transportieren, so galt es, auf dem günstigsten Handelswege mindestens 5 Landesgrenzen mit unterschiedlichen Umrechnungen für die Kosten für Unterkunft, Verpflegung etc zu passieren. Ein konkreter Einsatz für diese Reform ist jedoch mit Quellen nicht zu belegen. Ein weiteres Interesse, und dies war zweifellos das Hauptinteresse der Firma Krupp an der Revolution von 1848/49, war der Ausbau der Infrastruktur in Form eines ausgedehnten Eisenbahnnetzes. Hierbei konnte man zum einen durch den Bau Geld verdienen und zum anderen die Dauer und damit auch die Kosten eigener Transporte verringern. Krupp als Produzent von hochwertigem Gussstahl

---

[50] Vgl. Köhne-Lindenlaub, Renate: Die Familie Krupp. 5 Unternehmergenerationen. 1811 – 1967. Sonderdruck aus: Neue Deutsche Biographie. Band 13 Berlin 1982 (Künftig: **Lindenlaub Familie), Seite 132**

[51] Vgl. Köhne-Lindenlaub, Renate: Unternehmensgeschichte Krupp. In: International Directory of Company Histories, Vol. IV London 1992 (Deutsche Fassung des Artikels) (Künftig: Lindenlaub Unternehmen), Seite 3

[52] Vgl. Lindenlaub Familie, Seite 132

[53] Stenglein, Frank: Krupp. Höhen und Tiefen eines Industrieunternehmens. 1. Aufl. München 1998 (Künftig: Stenglein Krupp), Seite 18

[54] ebenda, Seite 17

[55] Vgl. Lindenlaub Familie, Seite 131

erwartete, den Zuschlag für diesen lukrativen Auftrag zu erhalten. Und so kam es auch; 1849 erhielt die Firma den Auftrag zum Bau der Gleisstrecke der Köln-Mindener-Eisenbahn, was für den Krupp-Konzern den größten wirtschaftlichen Aufstieg bedeutete[56]. Aber nicht nur mit diesen Interessen steht Alfred Krupp charakteristisch für des Wirtschaftsbürgertum, leider ist auch seine Haltung gegenüber den Arbeitern typisch für diese Bevölkerungsschicht. Frank Stenglein charakterisiert ihn folgendermaßen: „Er schärft vielmehr den Arbeitern ein, Aufsässigkeit habe die sofortige Entlassung zur Folge, er scheut sich auch nicht dies wahr zumachen"[57]. Poltische und wirtschaftliche Mitbestimmung der Arbeiterklasse war Krupp zuwider; er allein möchte Entscheidungen über „seinen" Konzern treffen[58]. Interessant ist aber auch zu sehen, dass Krupp für sich - hier vollkommen untypisch für seine gesellschaftliche Schicht - keine politischen Rechte oder Möglichkeiten der Partizipierung fordert. „Alfred interessiert es überhaupt nicht, dass - marxistisch gesprochen - seine Klasse, die Großbürger und Unternehmer, an die Tore der Macht klopft."[59]

5 Schlussbemerkung

Zusammenfassend kann man sagen, dass das Wirtschaftsbürgertum zu Beginn die Revolution hauptsächlich aus wirtschaftlichen Gründen unterstützt hat. Das Fehlen einer weitergehenden Identifikation und die in dessen Augen abschreckende Radikalität der Bewegung ließen das Engagement jedoch schnell erlahmen. Ebenfalls fürchtete das Wirtschaftsbürgertum ein durch soziale Reformen gestärktes Selbstbewusstsein der Arbeiterklasse und damit einhergehende Eingriffe in das Eigentum.

Wirtschaftliche Gründe waren also der Anlass sowohl für das Engagement als auch für das Erlahmen der Unterstützung.

---

[56] Vgl. Stenglein Krupp, Seite 22

[57] ebenda, Seite 18

[58] Vgl. ebenda, Seite 18

[59] ebenda, Seite 18

6 Anhang

6.1 Literaturverzeichnis

HUW Gesellschaftsgeschichte	=	Wehler, Hans-Ulrich: Deutsche Gesellschaftsgeschichte 1815-1848/49. 4. Aufl. München 2005
GB Blütezeit	=	Budde, Gunilla: Blütezeit des Bürgertums. Bürgerlichkeit im 19. Jahrhundert. 1. Aufl. Darmstadt 2009
FLM Revolution	=	Müller, Frank Lorenz: Die Revolution von 1848/49. 1. Aufl. Darmstadt 2002
Schulbuch Geschichte	=	Hrsg. Rohlfes, Joachim: Historisch-Politische Weltkunde. Staat und Nation im 19. Jahrhundert; 1. Aufl. Leipzig 2007
WS Demokratie	=	Saller, Walter: Für Freiheit und Demokratie. In: GeoEpoche; Ausgabe: Preußen 1701- 1871; 2006, Nr. 23
JB Raum und Zeit	=	Bischoff; Jürgen: Vorwärts durch Raum und Zeit. In: GeoEpoche; Ausgabe: Die Industrielle Revolution. Wie Dampf, Stahl und Strom die Welt veränderten; 2008, Nr. 30
Lindenlaub Familie	=	Köhne-Lindenlaub, Renate: Die Familie Krupp. 5 Unternehmergenerationen. 1811 – 1967. Sonderdruck aus: Neue Deutsche Biographie. Band 13 Berlin 1982
Lindenlaub Unternehmen	=	Köhne-Lindenlaub, Renate: Unternehmensgeschichte Krupp. In: International Directory of Company Histories, Vol. IV London 1992 (Deutsche Fassung des Artikels)
Stenglein Krupp	=	Stenglein, Frank: Krupp. Höhen und Tiefen eines Industrieunternehmens. 1. Aufl. München 1998

6.2 Arbeitsprozessbericht

15. Januar 2011:	Themenabsprache mit dem Fachlehrer
09. Februar 2011:	Besuch der Seminare in der Schule zum Thema „Wie schreibe ich eine Facharbeit?"
09. Februar 2011:	Material- und Literatursuche am Straelener Gymnasium
10. Februar 2011:	Material- und Literatursuche in der UB Duisburg-Essen, Campus Duisburg
14. Februar 2011:	Themenformulierung mit dem Fachlehrer
Februar/März 2011:	Schreibphase
27. Februar 2011:	Erste handschriftliche Fassung der Arbeit
21. März 2011:	Abgabe und Besprechung einer Leseprobe
bis 26. März 2011.	Korrekturphase
27. März 2011:	Endfertigung der Arbeit
29. März 2011:	Abgabe